LETTRE

À

MONSIEUR LE PRÉSIDENT

DU

Conseil des Ministres,

AU SUJET DES BRUITS QUI COURENT

SUR

LA LIBERTÉ DE LA PRESSE.

PAR AUG. COLIN.

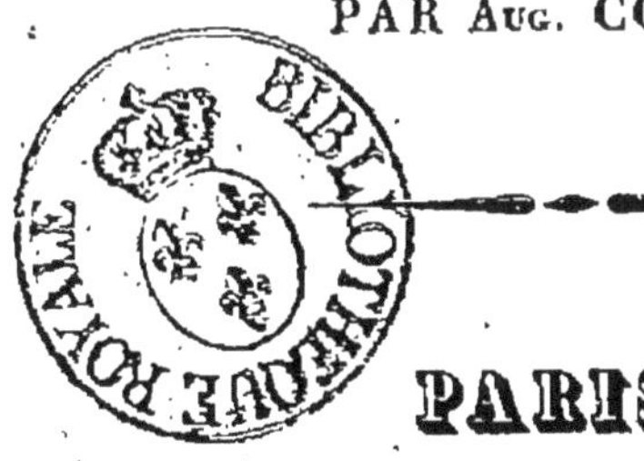

PARIS,

CHEZ TOUS LES MARCHANDS DE NOUVEAUTÉS.

1826.

LETTRE

A

M. LE PRÉSIDENT DU CONSEIL DES MINISTRES,

AU SUJET DES BRUITS QUI COURENT

SUR

LA LIBERTÉ DE LA PRESSE.

MONSEIGNEUR,

LES ennemis des libertés publiques cherchent à nous faire enlever l'avantage de publier nos opinions ; de misérables écrivains, provoqués par eux, versent le scandale et la calomnie sur la vie privée d'honnêtes citoyens dans des écrits publiés sous le titre de Biographies. Un bruit qui n'est point favorable au gouvernement circule à ce sujet dans la capitale. On dit que l'autorité est loin d'employer son activité accoutumée pour faire disparaître ces sortes d'écrits ; que les commissaires de police ne se présentent chez les imprimeurs et chez les libraires que lorsque les éditions sont à moitié vendues. On dit que le ministère, voulant proposer, à la rentrée des chambres, une loi pour mettre des entraves à la presse, ne voit pas sans plaisir une attaque faite aux mœurs et aux individus, attendu qu'elle lui fait des prosélytes, et lui fournit des armes contre un droit consacré par la civilisation et par la charte. Un murmure accusateur l'accable de toutes parts, on le fait l'instigateur de ces basses manœuvres, on va jusqu'à penser qu'il alimente ces plumes vénales, et que sa police est elle-même la courtière de cette espèce de marchandise. Tous ces on dit, Monseigneur, peuvent être absurdes et dénués de fondement; je me plais à croire que des ministres français sont loin de prendre des moyens iniques pour satisfaire les ennemis de nos libertés; de trop fortes raisons les engagent à ne pas compromettre les destinées nationales. L'honneur qui les lie à la gloire et au bien-être de la France les assujétit à une responsabilité morale plus terrible que celle de la loi, puisque celle-ci ne les atteint jamais, et que l'autre les flétrit dans l'opinion, et leur laisse une affreuse célébrité. Oublier de si grands intérêts pour répondre à quelques ambitions serait d'un dangereux exemple, et montrerait une absence de jugement dans les organes du pouvoir. Voilà pourquoi, quand même les apparences seraient contre eux, il faudrait se garder de les condamner; la confiance du monarque, dont ils sont investis, la considération que leur donne leur position sociale nous imposent l'obligation d'être circonspects à leur égard; et lorsque des adversaires puissans les attaquent, nous devons prendre la peine de nous convaincre si c'est la haine ou la raison qui leur prête des armes.

Ce n'est pas que vos ennemis n'aient souvent une logique entraînante et persuasive; et si l'on ne se méfiait pas des ressources de leur éloquence, on serait tenté de partager leur opinion.

Pour vous donner une idée, Monseigneur, de la manière adroite avec laquelle ils cherchent à vous déconsidérer dans le public, permettez-moi d'emprunter un instant leur langage sur le sujet qui alarme tant de cœurs généreux. Quoique depuis que vous êtes assis, vous et Mr de Corbière, sur le trône ministériel, vous n'ayez rien dit qui fasse soupçonner que vous veuillez rétablir la censure, cependant vos ennemis disent que ceux qui vous prêtent leur voix et leurs louanges, les amis de votre pouvoir et de votre gloire ne manquent pas chaque année de réclamer l'enchaînement du génie; toutes les années, les bienheureux convives de vos banquets et de vos plaisirs font retentir la tribune législative de leur indignation contre ce qu'ils appèlent licence de la presse. Croire qu'ils ne sont en cela que les organes de vos volontés est la chose la plus naturelle. Comment oseraient-ils proclamer des principes qui ne sont pas les vôtres, et suivraient-ils des erremens contraires à la tactique de votre cabinet? Pensez-vous, lorsqu'ils auraient pu vous déplaire, qu'ils viendraient avec un front radieux butiner autour d'une table somptueuse ou porter dans vos brillans salons les vapeurs de la louange et de l'adulation? Fussiez-vous versé dans le système des opinions probables, eussiez-vous toute la rubrique d'un moine vieilli dans l'art de vaincre les difficultés, vous ne sauriez concilier leur façon de faire avec votre politique, si elle est pour nos libertés; pour cela il faudrait démentir les actions de votre vie politique, renverser l'ouvrage de quatre années, froisser un parti assez orgueilleux pour publier que ce n'est que de lui que vous tenez votre existence ministérielle, il faudrait en un mot de la folie, et tout le monde vous accorde du bon sens.

Ainsi, Monseigneur, votre silence est loin d'être favorable à votre gloire; il laisse à penser que la crainte de trop blesser les convenances, de manquer de respect au monarque législateur et à son auguste frère vous a fait suivre une route détournée, et que votre conduite n'est autre chose qu'une ruse jésuitique, qu'un coup d'état à la manière de Machiavel.

Toutefois ces doutes fondés sur les apparences, ces accusations sans preuves, sont loin d'être irrécusables; elles présentent au contraire un caractère de légèreté et d'invraisemblance marqué. On a beau dire que les jésuites, qui ne veulent que pour eux la liberté d'écrire, vous dominent, que vous êtes leur serviteur et leur esclave, que votre pouvoir est une émanation de leur puissance; tout cela est loin d'être démontré. On sait bien que les congrégations s'établissent partout malgré les lois et le goût de la nation, que les pères de la foi prêchent souvent des choses qui ne sont ni françaises, ni chrétiennes, que les jésuites paient déja de morgue et de fierté un peuple qui les déteste, que des abbés écrivent que les royautés ne sont que des succursales de Rome; mais que peuvent tous ces gens qui s'agitent dans l'ombre, et qui forment des projets qui n'ont pas le sens commun. Faut-il que des ministres puissans s'abaissent jusqu'à faire attention à cette myriade de capucins qui veulent absolument être quelque chose? Faut-il, parce qu'un pusillanime citoyen dénonce des moines qui cabalent, les empêcher de cabaler? Faut-il couper la langue aux missionnaires, lier les mains aux ultramontains, pour leur interdire de prêcher et d'écrire à tort et à travers? Ce ne serait plus un régime constitutionnel celui qui enchaînerait les facultés physiques pour annuler les facultés morales. Non, non, Monseigneur, votre tolérance n'est point blâmable, puisqu'elle est dans l'esprit des lois divines et politiques. Le père éternel et la charte nous ont donné le libre arbitre pour nous mouvoir selon nos volontés, et lorsque vous étendez autant que possible ce droit d'agir et de faire, il n'est pas raisonnable de vous accuser de vouloir placer un monstre anti-social au milieu de nos institutions libérales pour les dévorer. A quoi servirait une loi qui enchaînerait la liberté de la presse ? Empêcherait-elle un politique ambulant de gouverner l'état à son gré, un chansonnier de faire circuler ses épigrammes, la police de fabriquer des complots extravagans ? Les ministres seraient-ils mieux dans l'opinion, lorsqu'on ne pourrait parler d'eux que dans le silence, et que leurs ennemis travestiraient leurs plus belles actions en des actes arbitraires ou en des coups d'état dangereux ?

Je sais que la presse a ses abus; les esprits tracassiers et malins s'en servent avec une habileté inconcevable pour faire ressortir les ridicules, et peindre les bigarrures des hommes d'état; nos écrits périodiques sont d'une licence effrénée; ici c'est un ministre qui, dans un voyage pittoresque, se montre à tous les honnêtes provinciaux sous des formes peu polies; là c'est une excellence qui s'impatronise à l'Académie au mépris des lois qui la régissent; un jour on accuse M. de Corbière d'arrêter de sa main puissante le génie dominateur du siècle; une autre fois on peint M. de Villèle dévalisant tous les rentiers de Paris; le généreux M. Delavau ne peut faire un pas sans être épié par des écrivains perturbateurs. Cette manière de peindre avec la morgue et l'ironie jésuitiques les actions publiques des conseillers de la couronne leur est si nuisible qu'elle les fait regarder avec indifférence et souvent avec indignation par les hommes les plus tolérans. Les lecteurs de journaux, qui prennent pour articles de foi les articles de gazettes, s'imaginent que le roi s'est plu à former un ministère introuvable et qu'il veut donner aux autres monarques un exemple de la caricature d'un gouvernement constitutionnel. Voilà, j'en conviens, ce que c'est que la plupart des bêtes raisonnables; elles abusent de tout, et toujours avec impudence des choses les plus utiles. La politique, la morale, la religion ont servi aussi souvent leur perversité que l'imprimerie et la poudre à canon. Vous savez mieux que personne ce que peuvent les méchans, vous connaissez leur audace et la pente de leur inclination vicieuse, vous n'ignorez pas que s'il fallait détruire tout ce qui est le fruit de la méditation et du génie parce que les ambitieux en abusent, les plus belles découvertes, les plus sublimes conceptions n'auraient qu'une existence éphémère. Les abus dans les institutions, les erreurs dans les sciences, les préjugés dans les croyances religieuses, naissent toujours de l'ignorance et se soutiennent par l'ambition et la mauvaise foi. Les vains efforts que font les génies supérieurs pour corriger le mode vicieux de notre marche sociale n'indiquent pas que les hommes soient incorrigibles; les méchans seuls sont incorrigibles par goût et par intérêt, et l'on trouve des méchans partout. Voilà pourquoi il est dans l'ordre politique de laisser exister ce qui est utile à la généralité des citoyens quand même la loi ne garantirait pas son existence.

Il est convenu qu'un ministre d'une nation civilisée ne s'égare pas facilement, c'est toujours l'influence d'un parti dominateur, ou des considérations particulières qui le font sortir de la route tracée par la raison et par les lois. Du moment que l'opinion l'accuse de méditer une action inconstitutionnelle, c'est un avis qu'elle lui donne; s'il est sage il doit s'arrêter et ne pas écouter les ennemis des institutions, qui sont aussi ceux de sa gloire et de son pouvoir.

Jusqu'ici l'on n'a fait que soupçonner vos intentions; mais que dirait-on de vous, Monseigneur, si vous ou vos amis, ce qui est la même chose, vous alliez commencer votre année législative par une philippique contre le droit de publier nos opinions, droit qui éternise notre existence politique, et sur lequel le génie de la civilisation étend ses brillantes ailes? Ce ne serait pas dans une susceptibilité mal entendue, ni dans un amour-propre offensé que l'on chercherait la cause de ce dessein aussi impolitique que barbare. On sait jusqu'où peut aller l'indifférence d'un ministre pour des sarcasmes et des clameurs populaires. Depuis long-temps la France craint ce qui n'arrivera jamais, mais enfin elle craint le pouvoir des jésuites; elle croit qu'avec ce pouvoir il n'y a plus de grandeur pour elle, plus de sécurité pour son souverain, et plus de bonheur pour ses enfans. L'empêcher de parler dans un moment si opportun, c'est, dit-elle, se déclarer son ennemi; c'est la laisser dévorer par des tyrans subalternes, et la rendre la proie des hommes qui lui sont le plus odieux, puisque enfin trente ans de malheurs et de misère ont passé sur elle pour la purger des vices des vieilles institutions, et pour l'arracher des mains de la tyrannie monacale. Voilà, Monseigneur, de quoi l'on vous accuserait, si vous réalisiez à la rentrée des chambres les espérances de nos ennemis. Et ne pensez pas qu'il vous serait facile de trouver un prétexte plausible pour faire accueillir une pareille proposition. La liberté de publier ses opinions fut en tout temps le droit sacré de toute nation éclairée. Si Napoléon la restreignit en France, c'est qu'il avait besoin, comme aujourd'hui les jésuites, de la faveur des ténèbres pour asseoir sa puissance et cacher son usurpation. Depuis la naissance du christianisme jusqu'à nos jours, les novateurs, les hérésiarques, les athées, les libertins, ont fait circuler leurs erreurs, et ont couru de ville en ville porter le fruit de leurs scandaleuses rêveries, sans trouver le moindre obstacle dans les pouvoirs politiques. L'Église quelquefois censurait leurs opinions, et souvent sans autre résultat que de les rendre plus publiques; ce qui arriva des hérésies d'Arius, de Pélage, de Luther et de Calvin, ainsi que des systèmes de Spinosa et de Jean-Jacques. Mais comme ce qui est de source divine a le caractère de la perfection et de la durée, l'Église a résisté contre toutes ces attaques diverses, et loin de reculer devant les difficultés, elle n'a jamais craint de produire les propres œuvres des adversaires de sa croyance. Après la découverte de l'imprimerie, l'Église, alors toute-puissante pouvait se dispenser de faire revivre cette foule d'écrits que l'erreur ou la haine avait enfantés contre elle; ses docteurs, et les jésuites surtout, s'empressèrent de les arracher à la poussière et à l'oubli. Cependant, soit Eusèbe, soit Tertullien, soit Origène, chacun a son erreur capitale, chacun est pernicieux en ce qu'il attaque ou le dogme ou l'infaillibilité des conciles écuméniques. Non seulement les érudits des ordres monastiques firent imprimer les écrits des hérésiarques, mais ils enrichirent notre littérature de toutes les productions du paganisme; ainsi Catulle, Anacréon,

Tibulle, Ovide, Lucrèce, Hésiode, Pétrone furent ressuscités comme Homère et Virgile; c'est comme si je disais que les athées, les matérialistes, les libertins, les voluptueux furent aussi bien considérés que les sages et les dévots par les savans et les docteurs de la chrétienté.

Ce serait donc, comme vous voyez, Monseigneur, d'un ridicule amer de venir réclamer l'enchaînement de la presse en faveur de la religion, qui n'a jamais besoin de notre bras, que Dieu protège de sa puissance, et qui doit aller, pour me servir de l'expression de l'Esprit-Saint, jusqu'à la fin des siècles, malgré les embûches du démon.

Du reste, que pourriez-vous dire à la tribune législative contre les écrits des contemporains? Sont-ils plus hétérodoxes et plus impies que ceux du siècle passé? Ce ne sont point les Français de nos jours qui ont écrit le Christianisme dévoilé, les Questions philosophiques, le Système de la nature, et les mille articles de l'Encyclopédie où l'on parle assez mal de notre croyance. Alors pourtant on se contentait de répondre à des écrits par des écrits; maintenant vous voulez des rigueurs, des privations générales; vous voulez faire pour la religion le contraire de ce qu'elle a toujours fait. Jamais elle n'a craint de combattre l'erreur sous toutes les formes; pourquoi lui ôter cet avantage? Vous n'avez pas à redouter qu'elle succombe; son sort ne peut être incertain, puisque le Fils de

Dieu nous a dit que les portes de l'enfer ne prévaudront jamais contre elle; ainsi vos argumens tomberont devant les autorités; vos adversaires diront : Ce n'est pas là le motif de la proposition ministérielle; et vous aurez le désagrément d'entendre toute la France répéter comme vos ennemis : Ce n'est pas là le motif.

Quelques dévots romanesques s'imaginent que notre siècle est plus impie que ceux qui nous ont précédés, et que tout le genre humain est ligué contre la religion. Je ne suspecte point leur bonne foi, les apparences ont pu les séduire. Arrivés au dernier degré de l'échelle sociale, nous touchons à tous les extrêmes; nos vices et nos faiblesses sont, comme notre intelligence, dans leur plus grande expansibilité. Alors l'humaine nature abandonne peut-être un peu les grandes vertus pour jouir des voluptés que lui donne la variété de ses connaissances, elle est plus volage et plus légère. Le goût du changement et de la mode est dans le cœur; alors la liberté de la presse sert merveilleusement ces écrivains bas et obscurs qui spéculent sur nos caprices et commercent avec nos passions. De là cet amas prodigieux de rapsodies, de frivolités, de médiocrités littéraires qui alarment les consciences timides. Mais ces sortes d'écrits ne font que chatouiller l'âme sans la séduire. Comme ils naissent de la mode et du caprice, ils n'ont que la vogue du moment; on ne s'égare pas plus à les parcourir qu'à écouter les métaphores d'un charlatan ou les sornettes d'un diseur de bonne aventure.

Où en serions-nous, Monseigneur, si, pour quelques tableaux impies qui captivent un moment notre attention, nous allions perdre ce que la nature a si bien gravé dans nos âmes pour la conservation et la dignité de l'homme? Quelle puissance a pu, depuis la création, le rendre insensible aux cris de sa conscience, aux charmes de la morale universelle, à l'idée puissante de l'existence de Dieu? Les erreurs des philosophes, les folies des conquérans, l'ont fait par fois barbare et orgueilleux, mais jamais athée. L'esprit humain a, comme les corps célestes, ses phases et ses tours de rotation; il ne peut sortir de l'orbite que lui a tracé la suprême intelligence. Nous ne sommes pas plus irréligieux ni plus athées que nos aïeux, puisque la même force nous entraîne vers le même but. Ce qu'on appèle indifférence en matière de religion n'est rien qu'un écart momentané de l'âme, un léger nuage que dissipe bientôt la nature; ce serait donc manquer de tactique de mettre en avant l'indifférence et l'impiété du siècle pour provoquer le retour de la censure; vos adversaires vous accableraient de nouveau de mille argumens victorieux, et la France vous dirait encore avec eux : Ce n'est pas là le motif.

Toutefois, Monseigneur, le Français qui veut

la liberté d'écrire pour dévoiler les desseins ambitieux de ses ennemis, juger les actions publiques des hommes d'état, et défendre les droits de la monarchie et de la nation, ne prétend pas vous empêcher de défendre la publicité de certains ouvrages où l'impiété, le mensonge et la violation des lois sont tracés avec la force du génie; personne ne vous a fait un crime d'arrêter les nouvelles éditions de l'Origine des cultes; mais, pour être conséquent avec les principes, il aurait fallu en faire autant des écrits du comte de Maistre et de ceux de l'abbé Lamennais, dans lesquels on trouve, comme vous savez, que les rois sont les vassaux du pape, les royaumes des fiefs de la tiare. Je sais, et je l'ai déja dit, que ce que font les ultramontains et les jésuites vous occupent fort peu; Votre Excellence s'abaisserait trop d'aller chercher querelle à des gens qui se roulent dans l'ornière des préjugés et des vieilles théories. Vous les croyez trop dans l'impuissance d'agir sans vous pour ne pas regarder comme nul tout ce que peut enfanter leur plume, et l'avantage que vous leur donnez de jouir exclusivement des droits constitutionnels n'est autre chose qu'un moyen de compensation, une ressource généreuse pour leur faire supporter les dégoûts de la vie. Malheureusement les Français n'entendent pas cela; ils veulent l'égalité de fait comme de droit; ils condamnent les préférences; ils craignent que l'arbitraire n'amène la tyrannie; et quand il s'agit de leurs intérêts, ils sont méthodistes et géomètres; aussi vous sera-t-il difficile de vous faire une gloire d'avoir empêché quelques écrits pernicieux, et l'on vous dira encore à la tribune comme en France : Ce n'est pas là le motif.

Peut-être croyez-vous trouver dans la licence des mœurs un argument invincible contre la licence de la presse. Il est vrai que vous pourrez montrer que la presse propage les vices et les égaremens du cœur, et qu'un ouvrage scandaleux multiplié par mille fait des millions de scandales; mais l'on vous prouvera aussi que les mœurs forment une partie du caractère national, qu'elles croissent, se développent, se fortifient et s'affaiblissent en raison directe de la marche de la civilisation; que ce sont nos besoins et nos lumières qui modifient nos usages et nos convenances, et non des règlemens de police, des lois d'exception, ou des ouvrages obscènes. Les peuples qui ont un caractère politique sont là pour servir d'exemple à vos adversaires; et quand vos citerez les Piron, les Parny, les Vadé, les Rousseau, métamorphosés sous toutes les formes par les imprimeurs, on vous dira toujours : Ce n'est pas là le motif de votre proposition. En effet, Monseigneur, si nos mœurs sont plus relâchées que celles de nos aïeux, c'est que nos lumières, l'âge de notre vie politique le veulent ainsi. Assigner pour cause de notre démoralisation la multiplicité des écrits immoraux et pervers, c'est manquer de jugement, c'est se mettre en opposition avec l'expérience. Le scandale que cause le libertinage mis en chanson ou embelli des grâces de la poésie n'est pas plus dangereux pour nos mœurs que celui que nous font publiquement et légalement, sur la fin du carnaval, les nombreuses troupes du peuple des faubourgs. Si nos mœurs étaient susceptibles d'être atteintes par de pareilles productions, depuis long-temps nous n'en aurions plus. Vous n'ignorez pas que sous le siècle de Louis XIV, qui fut celui de toutes les grandeurs littéraires, et dans l'urbanité duquel toutes les nations de l'Europe vinrent puiser des leçons de politesse et de goût, on vit fleurir ce genre de poésie galante et légère qui remue si tendrement le cœur; alors nos poètes passaient la nuit pour composer un sonnet ou un madrigal, et les belles attendaient impatiemment le retour de l'aurore, pour s'entendre dire en phrases cadencée, tout ce que l'amour en délire peut dire de plus extravagant et de plus bizarre. Alors le genre romantique, le plus pernicieux de tous, dominait si fortement que l'hôtel de Rambouillet, la cour de Ninon, bénissaient le jour où quelque production de ce genre venait les arracher à la monotonie de la table et des amours. Bensérade, Quinault, Voiture, Scudéri, étaient les divinités du siècle ; c'était chez eux que l'on allait puiser le principe de la joie et des plaisirs. Loin que ces auteurs fussent tourmentés par la police ou menacés par les moines, le monarque, les princes, tout ce qu'il y avait de grand et d'illustre employait leurs poétiques momens : chacun voulait avoir ou du Quinault ou du Scudéri; c'était le remède contre l'insomnie : ce siècle trop fortuné ne vit pas un parti puissant se lever contre les romanciers et les poètes; les moines et les jésuites vivaient dans l'intimité avec eux; les ministres les favorisaient, le roi les rendaient riches, les plus sévères docteurs toléraient leurs bagatelles anti-morales; le fougueux Bossuet, le vertueux Fénélon, n'élevaient pas contre eux leur voix éloquente, et vous savez que le savant évêque d'Avranches, le célèbre Huet, fit l'apologie des romans.

Je ne vous rappèle point ceci pour me faire le défenseur des productions immorales qui flétrissent notre littérature, ni pour défendre les écrivains vils et mercenaires qui font un métier du scandale; je veux seulement vous avertir que si vous alliez chercher dans les romanciers et les poètes de notre époque des argumens contre la liberté de la presse, on vous dirait encore : Ce n'est pas là le motif; et l'on vous le dirait avec d'autant plus de raison que sous les règnes qui suivirent celui du grand roi, la licence de la presse fut poussée à l'extrême, ou, pour mieux dire, tous les genres de littérature eurent leurs excès, sans que pour cela la religion ni les mœurs en souffrissent; car je ne pense pas que nos mœurs souffrent, parce qu'elles se modifient selon les progrès de nos lumières; et quant à la religion, vous savez qu'elle doit toujours avoir des ennemis, mais leur puissance et leur orgueil doivent se briser sur la pierre apostolique avec laquelle notre Seigneur a fondé son Église.

Loin donc, Monseigneur, d'avoir un motif raisonnable à alléguer pour interdire la presse, vous n'en trouverez que de favorables à son entière liberté. L'époque où nous vivons est celle des sciences, des arts et de l'industrie; une foule d'écrivains sages et judicieux enrichissent notre littérature de mille productions utiles. C'est sur la chimie, la médecine, la physique, la géométrie, que l'on imprime. C'est sur les progrès de l'esprit humain, sur les découvertes scientifiques, sur la perfection des arts, que l'on discute : la métaphysique de la religion n'entre guère dans les têtes mathématiquement organisées; les savans croient de bonne foi comme Clarke et Newton, et comme eux ils emploient leurs veilles et leurs travaux à découvrir des merveilles et à agrandir le domaine de la pensée. Si par fois la nature de leur sujet les appèle à parler de la suprême intelligence, c'est toujours avec humilité et avec le respect que commandent la sagesse et la raison ; ils savent, comme les grands hommes que je viens de nommer, reconnaître les bornes que Dieu a placées entre la créature et le créateur ; ils s'arrêtent avant d'arriver au terme où l'orgueil humain trouverait le néant, et admirent celui qui, dans l'immensité, donne à l'univers le mouvement et la vie.

Leurs ouvrages ne sont point parés des couleurs de l'athéisme et de l'irréligion comme ceux que la philosophie du dernier siècle à produits, l'indifférence et l'impiété ne sont point, quoi qu'on en dise, mises par eux à l'ordre du jour ; et si c'est sur les actions que l'on juge les hommes, les œuvres de nos contemporains démentent les assertions calomnieuses des ennemis de nos libertés. Si nous nous tournons du côté des ouvrages d'agrément, je vous dirai que le genre romantique qui a toujours eu de puissans détracteurs, mais qui ne passera jamais de mode tant qu'il aura les femmes pour soutien, a pris un caractère plus noble et plus moral. Ce ne sont point de longs épisodes d'amour, de libertinage ou de fantasmagorie, de grandes catastrophes anti-morales, des meurtres, des assassinats, le devoir étouffé par les égaremens du cœur, la vertu toujours aux prises avec le vice; ce ne sont point, dis-je, toutes les folies gigantesques de l'imagination qui caractérisent les romans de notre époque; des narrations historiques où la vérité se montre au-dessus des fictions; des épisodes où la vertu joue un rôle honorable ; des situations pittoresques que les fées et les sorciers n'ont point enfantés; enfin de l'ordre, de la méthode, du goût, de la moralité, voilà ce que l'on trouve dans la plupart des romans nouveaux; ce qui n'indique pas que les mœurs sont corrompues, que la religion est outragée, et que l'impiété et la débauche nous dominent. Je ne dirai rien de la poésie et de l'histoire, vous chercheriez en vain, dans les écrivains de ce genre, quelque chose qui indiquât le dessein d'outrager les mœurs, les lois et la religion; et si tous n'ont pas écrit avec génie, aucun n'a démenti la sagesse du siècle. Maintenant si vous voulez, sur des exceptions, qui sont, comme vous savez, dans tout ce qui est de création humaine, voir des motifs d'agir contre nos libertés, vous trouverez quelques écrivains sans nom et sans mérite, qui prenant la licence pour la liberté profitent du droit pour en abuser. Ces parasites, ces pygmées de la littérature, incapables de suivre les routes brillantes que les sciences et les beaux-arts tracent au génie, cherchent, pour s'arracher à la misère et à l'oubli, des sujets conformes au goût dépravé de la multitude; c'est sur les ministres, sur les hommes d'état, sur les prêtres, sur tout ce qui occupe de grands emplois et d'augustes fonctions, qu'ils lancent leurs froids sarcasmes et leurs impuissans anathêmes ; ils traitent avec autant d'impudeur que d'ignorance, les grandes questions de politique, les profondes matières de religion ; enfin ce qui peut faire du bruit et de l'éclat au mépris du bon sens flatte leur orgueilleuse médiocrité ; ils vendent à la crédulité publique le mensonge et la délation, et se font une célébrité éphémère par l'audace du scandale et l'impudence de la calomnie. Cependant ces charlatans littéraires ont existé de tout temps ; et j'ose dire qu'ils ont existé en plus grand nombre que dans le siècle où nous vivons, sans que pour cela la presse et la publicité des opinions aient souffert des entraves ; les pouvoirs qui ont eu la force et la justice pour base auraient cru donner une fausse idée de leur puissance, et manquer à leur dignité, en frappant une nation entière, pour arrêter les excès de l'incapacité, et vous conviendrez, Monseigneur, que le motif n'aurait été ni raisonnable, ni glorieux. Le mensonge et l'ignorance ne produisent guères qu'une impression momentanée sur les esprits. Il n'y a rien de stable ni de solide aux yeux des peuples que ce que la vérité inspire au génie et au talent ; les Pradon et les Garnier ont disparu devant les Racine et les Corneille ; d'ailleurs les monstruosités littéraires sont à la littérature, comme les vices dans la société, un résultat constant de son existence. Il y a un mal nécessaire que la philosophie appèle un moyen physique pour apprécier le bien, les contraires en toutes choses sont les régulateurs de notre raison; si nous n'avions pas eu tant de mauvais ministres, nous ne saurions pas apprécier les bons; et ce sont les Néron et les Tibère qui nous rendent enthousiastes des Antonin et des Titus. Vos devanciers qui ont vu l'harmonie du bien et du mal dans les institutions humaines, ont souffert dans la littérature quelques renégats de la raison et du goût, et pleins de ce principe politique que tout est bien dans ce monde lorsque le mal ne prévaut pas, ils ont laissé la presse avec ses abus. Si ceux qui vous ont précédé dans le pouvoir, ont vu avec indifférence les productions que la licence inspire aux petits esprits, s'ils se sont tu, lorsque des imaginations vagabondes cherchaient dans les espaces imaginaires, un aliment pour les vices et les passions, comment pourrez-vous justifier les résolutions sévères que vous prendriez contre la presse dans un temps où elle n'a presque plus de licence, et que l'audace et l'ambition des écrivains subalternes vont bien moins loin qu'elles n'allaient autrefois? En vain citerez-vous ce que peut la licence de produire et de publier de grossiers et d'indécens écrits, vos adversaires vous répondront : Ce n'est pas là le motif, la France libérale vous dira comme Boileau :

Chacun, à ce métier,
Peut perdre impunément de l'encre et du papier.

Le corps littéraire, qui repousse de son sein tout ce qui n'a pas un caractère d'honneur et de probité, vous rappèlera que l'on peut écrire beaucoup sans être homme de lettres, et que

De cette classe obscure,
Qui rampe au marais d'Hélicon,
Pour sauver ses vers et son nom,
Il faut être, sans imposture,
L'interprête de la nature
Et le chantre de la raison.

GRESSET.

Enfin l'expérience, que l'on doit prendre pour règle quand il s'agit de juger un siècle, démentira toutes vos assertions; vous verrez que loin de renchérir sur nos aïeux, nous avons improuvé et rejeté tout ce qu'ils ont pu écrire de scandaleux et de contraire aux mœurs. Piron, Parny, Voltaire, dont on admirera toujours les beautés du style et les charmes de l'élocution, ne paraissent plus sur notre horison littéraire, qu'avec les grâces de l'innocence; et nous avons vu sans tristesse la pompe funèbre de la Pucelle et de la Guerre des Dieux. Il n'y a pas de milieu, Monseigneur, lorsqu'on veut quelque chose d'injuste; il faut violer le droit, et courir les champs de l'arbitraire. Dans les états les plus libres les hommes du pouvoir trouvent toujours le moyen de faire leurs volontés, ce qui n'est pas un grand mal;

lorsque ces volontés ne sont point dangereuses, et que les ressorts qu'ils emploient sont inaperçus et insensibles; voilà ce que Napoléon faisait avec adresse, le rusé empereur savait ménager l'amour-propre de la nation, et lorsqu'à l'ombre de son despotisme ses muets nous forgeaient des fers, il avait des écrivains à gage qui criaient de toutes leurs forces que nous étions le peuple le plus libre de l'univers : les Français croyaient à ces saltimbanques du despotisme, tant les apparences séduisent les esprits les plus éclairés. Dans une république, il suffit d'avoir du poumon et de l'audace pour faire ce qu'on veut; dans un gouvernement constitutionnel l'homme du pouvoir peut sans périls et sans peine se rendre absolu, il a un talisman avec lequel il attire vers lui la majorité, et alors il peut se dire l'autocrate de la nation; il l'est de fait, s'il ne l'est pas de droit, et je ne sais si en politique il ne vaut pas mieux l'un que l'autre. Je ne doute pas que si vous voulez employer les rubriques de métier, et mettre en usage les ressources qui ont fait tant de fortunes ministérielles, vous ne veniez à bout sans obstacle de prouver à toute une nation, qu'elle a tort de soutenir son droit sur la liberté d'écrire. Bien avant que La Fontaine eut fait parler un loup comme un homme d'état, personne n'ignorait que le pouvoir de tout faire était donné à la force : mais voici les inconvéniens qui surviennent lorsqu'on fait trop sa volonté et la volonté d'autrui, au détriment du bien public et des droits consacrés par la loi fondamentale ; on abâtardit les principes d'équité et de justice qui animent la nation, on affaiblit la force et l'énergie du corps politique qui vieillit avant le temps, et il tombe au milieu de sa virilité dans une caducité désespérante ; non seulement on ôte au peuple la force de soutenir le gouvernement et le monarque, mais aussi l'on ravit au monarque et au gouvernement les moyens de se défendre contre les ambitieux et les traîtres ; alors un rien entrave les ressorts politiques, et la dissolution de l'état ne dépend plus que de l'intrigue ou du caprice de quelques factieux ; je ne vous citerai point d'exemples, l'histoire de nos tribulations politiques est devant vous.

Voyez comme le corps de la monarchie s'est apauvri par des concessions trop souvent faites aux ambitieux, par le tiraillement continuel du pouvoir monarchique et du despotisme féodal. Si Richelieu et Louis XIV n'eussent ôté au clergé et à la noblesse ce que l'un et l'autre avait ravi au peuple et à la royauté, que seraient devenus la France et le monarque ? Représentez-vous un roi sans force et sans pouvoir, sujet aux caprices de ses vassaux, et tremblant à l'aspect d'une épée tirée du fourreau par un duc de Bourgogne ou de Normandie. Comparez-le avec celui que la civilisation et les lumières nous ont donné. Voyez quelle puissance et quelle grandeur dans l'un, quelle faiblesse et quelle pauvreté dans l'autre. Le roi féodal n'avait qu'une force d'activité relative à l'étendue de son pouvoir, et comme son pouvoir était très-borné, il n'avait jamais le moyen de faire le bien et de conserver sa dignité. Le roi constitutionnel ordonne et tous les ressorts sont tendus, tous les rouages de la machine administrative sont en action, sa personne est aux Tuileries et sa volonté est partout; il se multiplie, se propage, si je puis m'exprimer ainsi, selon les besoins et les vœux de son peuple. Rapport sublime et majestueux, ressemblance frappante avec cette main invisible qui anime le monde et dont on admire partout les effets souverains. Voilà, Monseigneur, ce que disent vos adversaires, lorsqu'ils veulent vous prêter d'autres sentimens que ceux qui vous animent; ils vous rappèlent le bien pour vous faire croire que vous êtes disposé au mal; ils dénaturent vos dispositions morales, jugent votre cœur dans l'intérêt de leur haine, et précipitent leur sentence contre ce silence prudent qui depuis plusieurs années a vaincu l'acharnement de vos ennemis. Mais voici le moment de la justice, voici l'heure où le masque de l'hypocrisie va tomber, et où la calomnie et les jalouses ureurs expireront au pied de la tribune nationale. Forcé de rompre le silence pour répondre à l'audace et au mensonge, on vous verra soutenir aux yeux de la France un droit dont on veut vous faire l'ennemi, et en cela, comme dans toutes vos actions publiques, montrer que vous êtes toujours resté dans le terrain sacré de la loi et de l'honneur ; et qui mieux que Votre Excellence peut convaincre ceux qu'un délire anti-national tourmente, combien la liberté de la presse est utile à la France? partie constituante de nos institutions politiques, et résultat immédiat de notre civilisation, elle est, comme vous savez, sous ce double avantage, précieuse à notre existence sociale. Vous montrerez à l'envie et à la mauvaise foi, qu'un des grands bienfaits de cette liberté est d'éclairer les peuples sur les actes des gouvernans, de combattre l'arbitraire qui use les meilleurs états, d'enchaîner les haines et les prétentions des partis, d'arrêter l'ambition de quelques audacieux qui préparent, à l'ombre de la tolérance et de la faveur, les moyens d'asservir les peuples et les rois ; vous la montrerez enchaînant le despotisme de l'ignorance au char de la raison et de l'équité, dépouillant l'administration civile des bizarres coutumes et des vices que la tyrannie féodale voudrait faire renaître, et enfin établissant sur des bases éternelles les principes de la saine politique et de la morale des nations.

Mais je m'arrête, Monseigneur, il ne m'appartient pas d'esquisser un pareil tableau, ce serait faire injure à votre dignité que d'oser anticiper sur le temps où votre éloquence doit les produire et convaincre que le droit de publier nos opinions ne peut trouver de plus ardent protecteur qu'un ministre constitutionnel; je vous laisse, comme tous les bons Français, le soin de les défendre, et vous prie de croire au profond respect avec lequel j'ai l'honneur d'être,

Monseigneur,

De Votre Excellence,

Le très-humble serviteur,

AUGUSTE COLIN.

Imprimerie de A. CONIAM, rue du Faubourg Montmartre, n. 4.

www.ingramcontent.com/pod-product-compliance
Ingram Content Group UK Ltd.
Pitfield, Milton Keynes, MK11 3LW, UK
UKHW020444220726
13923UKWH00005B/2325